THÈSE

DE

LICENCE.

FACULTÉ DE DROIT DE TOULOUSE.

ACTE PUBLIC

POUR

LA LICENCE

En exécution de l'Article 4, Titre 2, de la Loi du 22 Ventôse an XII.

SOUTENU

Par M. BORIE (Jean-Baptiste-Léopold),

Né à Tulle (Corrèze).

TOULOUSE,

Typographie Troyes OUVRIERS RÉUNIS,
Rue Saint-Pantaléon, 5.

1858.

A MES PARENTS.

Jus Romanum.

De negotiis gestis.

Dig. Lib. III, Tit. V. — Inst. Just. Lib. III, Tit. XXVII, § 1.

In antiquo jure Romano, duæ sunt tantum causæ obligationum. Omnes enim obligationes ex contractu, vel ex delicto nascuntur.

Multa tamen erant facta, quæ neque contractus, neque delictum erant, sed illis tam similia erant, ut Prudentes illa videri esse discebant quasi varias causarum figuras. Itaque Prætor æquum esse putavit, vinculum juris tribui illis factis, et tunc hæ obligationes nasci dictæ fuerunt quasi ex contractu, vel quasi ex delicto.

In obligatione quæ quasi ex contractu nascitur, sufficit factum sine communi consensu duarum personarum; sed cùm hoc factum licitum est, hâc causâ obligatio discitur nasci quasi ex contractu.

Earum est communis causa ne alterius damno alter locupletur. Hæ autem obligationes plures sunt, sic : gestio negotiorum, tutela vel curatela ; communio incidens ; solutio indebiti ; hereditatis aditio.

Nobis autem tantum dicendum est de negotiis gestis.

Prætor ait : « Si quis negotia alterius, sive quis negotia, quæ cujus-

que , cum is moritur , fuerint gesserit , judicium eo nomine dabo. »
(Dig. lib. III , tit. V , lex III).

Justinianus aït : Igitur cùm quis absentis negotia gesserit , ultrò ci-
tròque inter eos nascuntur actiones quœ appellantur negotiorum gestorum. (Inst. Just. lib. III , tit. XXVII , § 1).

His verbis nobis demonstratur , ut ante jus Prætorum , nulla actio da-
batur illi qui negotia absentis sine mandato gerebat ; quâ causâ sæpe
damnum erat negotiis illius, quia nemo accedebat ad negotia ejus gerenda.

Quæ requirantur ut obligatio negotiorum gestorum ultro citroque
contrahatur ?

Quæ actiones ex hac obligatione nascuntur ?

Ut hæc obligatio nascatur oportet

1o Ut alter alterius negotium gesserit ;

2o Ut negotii domino non mandante negotium gestum sit ;

3o Ut negotium gestum sit non vetante domino ;

4o Ut negotium gestum sit animo consulendi ;

5o Ut gestor habuerit animum sibi obligandi eum cujus negotium
gessit

§ 1.

Ut alter alterius negotium gesserit.

Nec satis quod gessisse crediderit : hinc si quis ita simpliciter ver-
satus est ut suum negotium , in suis bonis , quasi meum gesserit , tum
certe nulla nascitur actio , quia bona fides non hoc patiatur.

Quod si, et suum, et meum quasi meum gesserit, in meum tenebitur.
Nam si cui mandavero , ut meum negotium gerat , quod mihi tecum erat
commune , dicendum est Labeo aït : si et tuum gessit sciens , negotiorum
gestorum eum tibi teneri. (Julianus. Dig. lib. III, tit. V, leg. VI, § 4).

Ut ait Julianus : quid ergo inquit Pedius ; si cùm te hæredem puta-
rem, fulsero insulam hæreditariam , tuque ratum habueris , an sit mihi

adversus te actio? Sed non fore ait; cum hoc facto meo alter sit locupletatus et alterius reipsa negotium gestum sit; nec possit quod alii adquisitum est, ipso gestu hoc tuum negotium videri (Dig. l. 6, § II, Julianus).

§ 2.

Ut negotii domino non man lante negotium gestum sit.

Sic ait Ulpianus : si cui fuerit mandatum ut negotia administraret non negotiorum gestorum actione tenebitur. Non enim obligatus est quod negotia gessit; sed quod mandatum suscepit, adeo ut teneretur etsi non gessisset.

Quum autem nullum mandatum intervenerit, nil refert gestor crediderit necne mandatum esse : unde Ulpianus : « Si quum putavi à te mihi mandatum, negotia gessi; et hìc nascitur negotiorum gestorum actio, cessante mandati actione (lex 5).

Cæterum qui citra mandatum gessit, sine mandato gessit : ideoque nascitur negotiorum gestorum obligatio.

§ 3.

Ut gestum sit domino non prohibente.

Julianus, libro tertio, tractat, si tres sunt socii : unus prohibet tertium negotia communia gerere, alter prohibet; in hoc casu, actio negotiorum gestorum erit tantùm cum eo qui non prohibuit : ut, is qui prohibuit, ex nulla parte, neque per socium neque per gestorem aliquid damni sentiat (Ulp. lex 8, § 3).

Justinianus hoc jus confirmavit et constituit ut gestor ob expensas contradicente et prohibente domino factas, nullam nec directam nec contra-

riam haberet actionem; modo non ante domini prohibentis denuntiatio-.
nem factæ fuerint impensæ (in codice).

§ 4.

Ut negotium gestum sit animo consulendi.

Natura hujus actionis hoc voluit. Etenim memorandum, ut hæc actio
præcipue data fuit comtemplatione illius cujus negotia facta sunt. Itaque,
ait Julianus : si quis negotia mea gessit non mei contemplatione sed sui
lucri causâ, Labeo scripsit suum eum potiusquam meum negotium gessisse. Qui enim deprædandi causâ accedit suo lucro non meo commodo
studet, sed nihilominùs, et is tenebitur negotiorum gestorum actione.
Ipse tamen, si circa meas res aliquid impenderit, non in id quod ei
abest, quia improbe ad negotia mea accessit, sed in id quod ego locupletior factus sum , habet contra me actionem (Julianus lex 6, § 3).

Actio quæ datur ad impensas recuperandas est actio de in rem
verso.

? 5.

Ut gestor habuerit animum sibi obligandi eum cujus negotium gessit.

Unde si gestor donandi animo aut pietatis officio quid gessit conse-
quens est dicere nullam eo nomine obligationem contrahi : hinc is qui
amicitia paterna ductus tutorem petierit, vel tutores suspectos postu-
lavit, nullam adversus eos habebit actionem (Ulpianus, lex LIV).

Qui negotia gerere potest.

Negotia gerere non solum paterfamilias , sed et filii familias et mulieres possunt. Non autem pupillus : nunquam enim obligari etiam naturaliter potest, nisi locupletior factus fuerit. Nulla nascitur actio, cum servus negotia domini gessit, quoniam nulla possit consistere obligatio inter dominum et ejus servum.

De actionibus quæ ex negotiorum gestione nascuntur.

Duæ sunt actiones, directa et contraria.

Omnes hæ actiones ex obligatione nascuntur, itaque in personam, non in rem dantur.

Competit actio negotiorum gestorum directa illi cujus negotia gesta sunt contra gestorem, ut actûs rationem reddat. Gestor non solum rationem reddere debet, sed etiam tenetur ergà dominum, quanti interest ejus quod non ut oportuit, gessit culpa et dolo tantum in gestione tenetur, non autem casibus, sed aliquando ei imputabitur. Sic ait Pomponius : si negotia absentis et ignorantis geras et culpam et dolum præstare debes; sed Proculus interdum etiam casum præstare debere veluti si novum negotium, quod sit solitus absens facere, tu nomine ejus geras ; veluti venales novicios cœmendo, vel aliquam negotiationem ineundo (Pomp. lex II dig.-lib III-tit. V).

Actio contraria gestori adversus dominum competit, ut ei restituantur sumptus facti in negotio gesto. Restituendi sunt autem tantum sumptus necessarii et utiles : scilicet qui rem servaverunt, vel impensi fuerunt in negotium quod geri domino expediebat. Is autem qui negotiorum gestorum agit, non solum, si effectum habuit negotium quod gessit actione utetur, sed sufficit si utiliter gessit, etsi effectum non habuit negotium; et ideo si insulam fulsit, vel servum ægrum curavit; etiam si insula exusta est, vel servus obiit, aget negotiorum gestorum (Ulp. lex X, § I. dig. lib III. Tit. V.

POSITIONES.

1º Qui sumptus necessarios in communi lite fecit, negotiorum gestorum actionem habet.

2º Quis negotium ad duos pertinens, unius tantum contemplatione gessit, solum adversus eum cujus contemplatione, negotium gestum est, habet actionem.

3º Negotia gerere pupillus non potest.

4º Si animus consulendi defuit, directa nascitur sed non contraria.

Code Napoléon.

Livre III , Titre II.

Des Donations entre-vifs et des Testaments.

(Art. 931.—960).

CHAPITRE IV.

Section Ire.

De la forme des donations entre-vifs.

L'art. 931 n'est que la reproduction littérale de l'art. 1er de l'ordonnance de février 1731. « Tous actes portant donation entre-vifs, y est-il
» dit, seront passés devant notaire, et il en restera minute, à peine de
» nullité. » Notre Code n'a ajouté que ces mots : « dans la forme ordi-
» naire des contrats , » et encore s'est-il trompé ; c'est « dans la forme
» ordinaire des actes » qu'il devrait dire ; il a pris la forme pour le
fond.

Le contrat de donation est un contrat solennel ; et l'on s'est demandé
souvent pourquoi la loi avait exigé l'authenticité, la minute et l'accepta-

tion. C'est pour prévenir ceux qui se dépouillent contre les dangers auxquels ils s'exposent. Si une des conditions requises pour la validité de l'acte est omise, l'acte est radicalement nul. Outre la solennité, l'art. 982 prescrit encore l'acceptation de la part du donataire, non pas une acceptation tacite, mais en termes exprès. Peu importe, du reste, que l'acceptation soit faite dans l'acte de donation lui-même, pourvu qu'elle soit authentique et notifiée au donateur, et de son vivant. La raison en est qu'il est impossible de voir une donation s'opérer entre un défunt et un vivant : le donateur défunt ne peut avoir connaissance de la volonté du donataire, et, par suite, le concours des deux volontés ne peut s'effectuer.

De l'acceptation.

Étudions les caractères que présente l'acceptation.

Si le donataire est absent, qu'il soit majeur et non interdit, il peut se faire représenter par un fondé de pouvoir. Seulement dans ce cas trois conditions sont exigées : il faut 1° que le mandataire soit porteur d'un pouvoir spécial ou général d'accepter toutes donations faites ou à faire ;

2o Que la procuration soit authentique, reçue par un notaire. La loi veut que la manifestation des volontés soit certaine, incontestable ;

3o Que l'expédition de la procuration soit annexée à la minute, soit de l'acte de donation, soit de l'acte d'acceptation ;

4o Si la donation est faite à une femme mariée, elle doit être acceptée par la femme avec l'autorisation de son mari, et, à son défaut, avec autorisation de justice. Il importe que le mari connaisse la donation faite à sa femme ; mais il importe aussi de donner à celle-ci une protection contre l'injuste refus de son mari (934) ;

5o Si la donation est faite à un majeur muni d'un conseil judiciaire, c'est lui-même qui doit l'accepter. Aucune loi ne le lui défend (499, 513).

6° Si la donation est offerte à un mineur non émancipé, l'acceptation doit être faite par le tuteur, autorisé par le conseil de famille, à moins que le tuteur ne soit un ascendant (935);

7° Si la donation est faite à un sourd-muet, il faut distinguer s'il sait ou non écrire. Dans le premier cas, le sourd-muet peut accepter lui-même ou par un fondé de pouvoir; dans le second, l'acceptation doit être faite par un curateur nommé à cet effet. (936).

8° Enfin, si la donation est faite à un établissement d'utilité publique, au profit d'hospices, des pauvres d'une commune, elle doit être acceptée par les administrateurs de ces communes ou établissements, après y avoir été autorisés par l'autorité compétente. (937).

De la transcription.

De même qu'il y a une formalité spéciale pour les donations entre-vifs d'objets mobiliers, l'état estimatif, de même il y a une formalité spéciale pour les donations entre-vifs de biens susceptibles d'hypothèque; c'est la transcription sous l'empire de la loi du 23 mai 1855 : cette prescription de la loi a un double but : 1° Avertir les tiers que le donateur est dépouillé; 2° consolider la propriété sur la tête du donataire. Aux termes de l'art. 939, les actes de donation, d'acceptation et de notification, seront transcrits au bureau des hypothèques dans l'arrondissement duquel les biens sont situés : la transcription est faite à la diligence du mari, si les biens donnés sont à la femme, et lorsqu'ils ont été donnés à des mineurs, interdits ou établissements publics, la transcription doit être faite à la diligence des tuteurs, curateurs, administrateurs (940); elle permet cependant à la femme de la requérir elle-même, et par analogie les mineurs et interdits pourront aussi le faire. (2139).

Tous ceux qui ont intérêt à la nullité de la donation peuvent opposer le défaut de transcription, à l'exception de 1° ceux qui devaient la faire transcrire, ou leurs ayant-cause, car *nemo ex suo delicto meliorem suam conditionem facere potest,* ce qui est confirmé par l'art. 942, qui donne aux parties lésées un recours contre ceux qui sont en faute ; 2o du donateur, car il est garant de l'éviction qui provient de son fait.

Nous venons de parler des conditions requises pour la va idité des donations, voyons maintenant quelles sont les conditions qui peuvent l'annuler : 1o Toute donation de biens présents et à venir est nulle à l'égard des biens à venir , pourquoi ? parce que , *donner et retirer ne vaut ;* le donateur ne peut pas donner des biens sous une condition potestative de sa part ; de sorte que les art. 943 , 944 , 945 ont le même principe et ont été dictés en vue des mêmes considérations : il y est dit que la donation faite sous une condition potestative de la part du donateur est nulle. Est également nulle celle qui est faite sous la condition d'acquitter d'autres dettes ou charges que celles qui existaient à l'époque de la donation ou qui seraient exprimées, soit dans l'acte de donation , soit dans l'état qui devait y être annexé. La donation est encore nulle lorsque le donateur s'est réservé le droit de disposer des choses données. Si la réserve ne porte que sur une partie des choses données , la donation est maintenue pour les choses données et non réservées. (942).

Les dispositions des art. 943, 944, 945, 946 ne s'appliquent point aux donations faites en faveur du mariage ou pendant le mariage entre époux.

En fait de donation de meubles, il est encore une prescription fort importante imposée aux contractants : c'est l'état estimatif des objets donnés. Il doit être signé du donateur et du donataire et rester annexé à l'acte de donation. Quel a été le but du législateur ? c'était de détruire les opinions des anciens jurisconsultes qui disaient que du moment que le donateur conservait la possession des objets donnés, la donation n'existait pas. Or, l'état estimatif n'a été introduit que pour suppléer à la tradition réelle des choses données.

En nous disant qu'il est permis au donateur de faire la réserve, à son profit, de l'usufruit de la chose donnée, soit meuble, soit immeuble, la loi a pensé qu'il fallait s'expliquer sur ce point , car les anciennes coutumes poussaient si loin la règle *donner et retenir ne vaut,* qu'elles déclaraient nulles les donations dans lesquelles le donateur s'était réservé la jouissance de la chose donnée (949).

Si le donateur s'est réservé l'usufruit des meubles, quels sont les droits du donataire à la fin de l'usufruit ?

Si les choses existent en nature à la cessation de l'usufruit, le donataire les prend dans l'état où elles se trouvent, et supporte les détériorations.

Si elles n'existent plus , il poursuit le recouvrement de leur valeur telle qu'elle est portée à l'état estimatif. La loi s'écarte ici du droit commun, car l'usufruitier ordinaire ne répond pas des cas fortuits, tandis que le donateur en répond : *dura lex , sed lex.* (950).

Le donateur peut valablement stipuler que les biens donnés lui feront retour, s'il survit au donateur seul, soit au donatair e et à ses enfants, et cela est logique ; car la condition de prédécès n'est pas une condition potestative de la part du donateur. Le donateur ne peut stipuler ce droit qu'à son profit; s'il en était autrement, ce serait une substitution prohibée par la loi. Le droit de retour a pour effet de remettre les choses dans le même état qu'auparavant ; par conséquent les biens doivent revenir francs et quittes de toutes charges et hypothèques (sauf néanmoins l'hypothèque de la dot , si les autres biens de l'époux ne suffisent pas , et dans le cas seulement où la donation a été faite par le contrat de mariage d'où résulte cette hypothèque), et résout les aliénations concernant ces mêmes biens.

SECTION II.

Des exceptions à la règle de l'irrévocabilité des donations entre-vifs.

Le caractère essentiel de la donation entre-vifs c'est l'irrévocabilité. Ce principe reçoit cependant trois exceptions énumérées par l'art. 953 :

1o Inexécution des conditions; 2o ingratitude ; 3o survenance d'enfants.

Etudions séparément ces trois cas.

§ 1.—*De la révocation des donations pour cause d'inexécution des conditions.*

La convention est la loi des parties ; par conséquent celle qui n'exécute pas ses engagements est coupable envers l'autre : ce principe est établi par l'art. 1184, qui attache à son inobservation une peine, c'est la résolution du contrat. L'art. 954 est une application de ce principe général. De telle sorte que l'inaccomplissement des charges imposées au donataire fait rentrer les biens dans les mains du donateur, après avoir résolu le droit du donataire, et par suite tous ceux qu'il aurait pu conférer à des tiers. Ainsi le donateur se verra réintégré dans la pleine propriété de ses biens, libres de toutes charges et hypothèques; mais cette inexécution ne révoque pas de plein droit la donation, elle ne la rend que révocable. Elle doit donc être demandée en justice par le donateur. Le Code ne fixant aucun délai pour l'exercice de l'action en révocation, il s'ensuit que le droit commun est seul applicable et que la durée est de trente ans.

§ 2. — *De la révocation pour cause d'ingratitude.*

Cette partie de notre législation étant limitative, il est donc défendu aux juges de révoquer les donations en dehors des cas textuellement prévus par l'art. 955.

Ils sont au nombre de trois : 1º si le donataire a attenté à la vie du donateur ; 2º s'il s'est rendu coupable envers lui de sévices, délits ou injures graves : 3º s'il lui refuse des aliments.

L'ingratitude n'opère pas non plus de plein droit la révocation de la donation, elle doit comme la précédente être demandée en justice. Cependant, dans ce cas, la durée de l'action est limitée : elle doit être demandée dans l'année à compter du jour du délit, ou du jour qu'il aura été connu. La raison en est que le donateur peut pardonner l'offense ; c'est ce que son silence prolongé permet de supposer. Le donateur peut seul intenter cette action contre le donataire, à l'exclusion de ses héritiers, à l'exception toutefois, en faveur des héritiers du donateur, si ce dernier avait intenté l'action, alors ses héritiers peuvent la continuer contre le donataire.

La révocation pour cause d'ingratitude ne préjudicie pas aux tiers qui ont contracté avec le donataire au sujet des biens composant la donation, pourvu que leurs aliénations ou constitutions d'hypothèques soient antérieures à l'inscription de l'extrait en demande de révocation faite en marge de la transcription prescrite par l'art. 939. C'est qu'ici, il n'y a pas de condition résolutoire. La révocation pour cause d'ingratitude est une peine qui ne frappe que le donataire, puisque l'art. 958 dit encore que le donataire devra restituer au donateur la valeur des objets aliénés eu égard au temps de la demande et les fruits à compter du jour de cette demande.

L'art. 959 nous dit que les donations faites en faveur du mariage ne sont pas révocables pour cause d'ingratitude. Cette exception se justifie par ce motif que le donateur a eu en vue les enfants à naître du mariage et que le père par sa faute ne peut les dépouiller.

§ 3. — *De la révocation des donations pour cause de survenance d'enfants.*

Notre art. 960 est la réproduction de l'art. 39 de l'ordonnance de 1731, il est fondé sur cette présomption que si le donateur avait eu des enfants, il n'aurait pas donné, et cette présomption est si forte que l'art. 965 déclare nulle la clause par laquelle le donateur renonce à intenter l'action que lui donne la loi pour cause de survenance d'enfants.

La révocation dans ce cas s'opère de plein droit ; elle a lieu, même par la naissance d'un posthume, par la légitimation d'un enfant naturel par mariage subséquent, pourvu qu'il soit né depuis la donation ; elle a lieu lors même que l'enfant serait conçu au temps de la donation ; elle s'étend à toutes les donations pour quelque cause et à quelque titre qu'elles aient été faites, à l'exception de celles faites par contrat de mariage aux futurs époux, par leurs ascendants, et à celles que les futurs époux se font l'un à l'autre par le même acte. Elle a lieu lors même que le donataire aurait été mis en possession des biens donnés et qu'il eût continué à en jouir après la naissance ou la légitimation qui opère la révocation; seulement, dans ce cas, le donataire né doit les fruits que du jour où cette naissance ou cette légitimation lui a été notifiée légalement par un exploit ou tout autre acte en bonne forme (962). La raison en est que c'est à ce moment que le donataire cesse de posséder de bonne foi.

Lorsqu'une donation est révoquée pour cause de survenance d'enfants, les biens rentrent dans le patrimoine du donateur libres de toutes charges et même de l'hypothèque légale de la femme du donataire. Il n'y a pas d'exception à soulever. Si la donation a été faite en vue du mariage et si elle a été insérée dans ce contrat, elle n'en est pas moins révoquée (963).

Les donations énoncées dans ce paragraphe ne peuvent revivre, ni par la mort de l'enfant ni par un acte confirmatif du donateur. S'il veut donner à la même personne, il faut une nouvelle donation revêtue de toutes les formes nécessaires à sa validité (964).

L'action en révocation pour cause de survenance d'enfants dure trente ans, à compter de la naissance du dernier enfant du donateur, même posthume. Voici une nouvelle dérogation au droit commun : « Les détenteurs des choses données ne pourront opposer la prescription , etc... (966). » Cependant l'art. 2265 dit que celui qui a titre et bonne foi prescrit par dix ans entre présents et vingt ans entre absents.

Des règles générales sur la forme des testaments.

Le testament c'est l'expression de la volonté du testateur, *testatio mentis*, peu importe que le disposant s'exprime en termes sacramentels. Ce que la loi veut, c'est qu'il manifeste sa volonté clairement. C'est là la raison qui a dicté l'article 967. Toutefois, un testament ne pourra être fait dans le même acte par deux ou plusieurs personnes, « La loi, dit « Pothier, voulu, par cette disposition, que le testateur ait plus de

« liberté, et ne soit plus exposé aux suggestions des personnes avec les-
« quelles il ferait son testament. »

L'article 969 énumère les diverses sortes de testaments *ordinaires* autorisés par le Code. Nous allons les étudier séparément.

§ 1er. *Testament olographe.*

Nous en trouvons la forme et les conditions de validité dans l'article
970. Il faut 1o qu'il soit écrit en entier ; 2o daté ; 3o signé de la main du
testateur. En effet, le testament devant être l'œuvre du testateur, si un
tiers figure dans la rédaction, il est naturel de supposer que le testateur
a subi une influence étrangère. *Daté*, car si le testateur a fait plusieurs
testaments, les premiers sont tacitement révoqués par le derniers (1036) ;
a date doit donc contenir l'année, le mois, le jour. — *Signé.* La loi
n'exige qu'une chose, c'est que la signature, de quelque manière qu'elle
soit apposée, représente réellement l'individualité du testateur.

Aucune autre condition n'étant requise pour le testament olographe,
il peut donc être fait par lettre missive.

§ 2. — *Testament fait par acte public.*

Le testament par acte public doit être reçu par deux notaires, en présence de deux témoins, ou par un notaire en présence de quatre témoins (971). Si le testament est reçu par deux ou par un notaire, il doit
toujours être écrit par un notaire, sous la dictée du testateur. Le notaire
doit lui en donner lecture, en présence des témoins, et faire du tout
mention expresse. Ces dispositions s'expliquent facilement, car l'homme,
à son lit de mort, n'a plus toute son énergie pour repousser les préten-
tions que fait naître sa succession ; il fallait donc l'entourer d'une sur-
veillance protectrice. L'acte doit, en outre, être signé par le testateur si
celui-ci peut signer. S'il ne le peut pas, le notaire doit en faire mention

3

et déclarer la cause qui a empêché le testateur de le faire. Tous les témoins doivent signer ; néanmoins (974), dans les campagnes, il suffira qu'un des deux témoins signe, s'il y a deux notaires appelés pour recevoir le testament ; s'il n'y en a qu'un, la signature de deux témoins est nécessaire.

Examinons maintenant les conditions de capacité requises pour être témoin dans un testament. Deux articles s'en occupent dans notre chapitre : ce sont les art. 975 et 980. Le premier est prohibitif. Il défend : ainsi, ne peuvent être témoins : 1º les légataires, à quelque titre qu'ils soient ; 2º leurs parents ou alliés jusqu'au quatrième degré inclusivement ; 3º les clercs des notaires par lesquels les actes seront reçus.

L'article 980, disant que les témoins appelés pour être présents aux testaments doivent être mâles, majeurs, sujets de l'Empereur, jouissant de leurs droits civils, il s'ensuit que les femmes, les mineurs, les étrangers, ne peuvent être témoins.

§ 3. Du testament mystique.

La validité du testament mystique est subordonnée à l'accomplissement de plusieurs formalités.

Le testateur doit 1º écrire ses dispositions lui-même ou les faire écrire par un autre ; 2º dans l'un et l'autre cas il est tenu de les signer ; 3º clorre et sceller, soit le papier qui contient ses dispositions, soit le papier qui lui sert d'enveloppe ; Il n'est pas nécessaire que cette formalité soit remplie en présence du notaire ; 4º présenter ce papier ainsi clos et scellé au notaire, en présence de six témoins, ou, s'il n'a pas été clos et scellé, il le fait clorre et sceller en leur présence ; 5º déclarer que le contenu de ce papier est son testament, écrit et signé de lui, ou écrit par un autre et signé de lui. — Voilà la première partie ; c'est là le testament ; mais il y a encore d'autres formalités importantes sans lesquelles le testament serait nul : c'est l'acte de *suscription* ; 6º le notaire doit dresser un procès-verbal, dans lequel il donnera acte au testateur de cette présentation et déclaration. Cet acte devra être écrit sur le papier qui contient les dispositions ou sur le papier qui sert d'enveloppe au testament; 7o l'acte de suscription doit être signé du testateur, du notaire et des six témoins; 8° « si le testateur ne sait signer, ou s'il n'a pu » le faire lorsqu'il a fait écrire ses dispositions, il sera appelé à l'acte de » suscription un témoin, outre le nombre porté en l'article 976, lequel » signera l'acte avec les autres témoins, et il sera fait mention de la » cause pour laquelle ce témoin a été appelé; » 9o toutes les formalités relatives à la présentation, à la rédaction de l'acte de suscription, doivent se faire sans discontinuité.

Ceux qui ne peuvent pas lire et qui ne pourraient pas dès-lors connaître par eux-mêmes le contenu de l'écrit qu'ils auraient fait faire, ne peuvent tester en la forme mystique. Quant à celui qui ne peut pas parler mais qui sait écrire, il peut faire son testament en la forme mystique, pourvu que le testament soit en entier écrit, daté et signé de sa main, qu'il le présente au notaire et aux témoins et qu'en haut de l'acte de suscription, il écrive en leur présence que le papier qu'il présente est son testament. Le notaire devra mentionner que c'est le testateur lui-même qui a écrit l'attestation mise en tête de l'acte de suscription.

QUESTIONS.

1° *Quid* si la procuration donnée pour accepter une donation est en brevet?

2o Le donateur est-il garant de l'éviction de la chose donnée? — On distingue.

3o Le failli peut-il être témoin dans un testament?

4o Le testament mystique qui tombe comme testament mystique, vaut-il comme testament olographe?

Droit Commercial.

Faillites et Banqueroutes.

De la déclaration de faillite et de ses effets.

(446—450).

En droit commun, tout créancier peut attaquer les actes faits par son débiteur en fraude de ses droits (1167 , C. N.). En droit commercial , cette permission a paru insuffisante au législateur, et pour déjouer autant que possible les fraudes qu'un débiteur, surtout un débiteur failli , serait tenté de commettre , il a déclaré nuls certains actes qui , en droit commun, ne sont qu'annulables.

Les art. 446 , 447 et 448 présentent trois catégories d'actes présumés faits par le débiteur en fraude des droits de ses créanciers : nous allons les passser successivement en revue.

§ 1. — *Actes nuls de plein droit.*

Sont nuls et sans effet relativement à la masse , lorsqu'ils ont été faits depuis la cessation des paiements ou dans les dix jours précédents :

1º Tous actes translatifs de propriétés mobilières ou immobilières à titre gratuit. — Ainsi sont nuls tous les actes qui ont un caractère de libéralité, les donations, dons manuels, donation déguisée sous la forme d'un contrat à titre onéreux ; les donations rémunératoires elles-mêmes sont nulles. Quant à la dot que le failli peut avoir constituée, les auteurs et la jurisprudence ne sont pas du même avis.

Ainsi, certains auteurs et avec eux la Cour de Cassation, par un arrêt du 2 mars 1847, prétendent que cette dot doit être valable, dans le cas de bonne foi des époux, parce que la constitution dotale a moins les caractères d'une libéralité à titre gratuit que ceux d'un acte à titre onéreux ; en un mot qu'elle est faite *ad sustinenda matrimonii onera*. D'autres auteurs pensent, au contraire, que la constitution a tous les caractères d'une donation entre-vifs, et que dès-lors elle tombe dans les cas prévus par l'art. 446. D'autres encore proposent un terme moyen qui nous paraît préférable. Ils disent : au moyen de cette dot les nouveaux époux s'enrichissent aux dépens de la masse ; cela n'est pas juste, donc faisons-leur subir une réduction, et laissons-leur assez pour vivre et non pas pour afficher un luxe scandaleux.

2º Le paiement de toutes dettes non échues, civiles ou commerciales indistinctement.

Il est difficile de comprendre que le failli paie par anticipation des créanciers qui n'ont le droit de rien lui demander ; dès-lors la loi présume que, si le failli paie un créancier dont la créance n'est pas exigible, il commet un acte nuisible à la masse. Cependant, il peut se faire que le failli fasse un pareil paiement sans intention de fraude, par exemple si le créancier connaissant le mauvais état des affaires du futur failli, le menace de dévoiler sa position. Peu importe que les dettes soient civiles ou commerciales, dès qu'elles sont non échues, le paiement qui a eu lieu est frappé de la même nullité par la loi. Elle ne distingue pas non plus le mode de paiement, que ce soit en espèces, par transport, vente ou compensation, peu importe ;

3° Le paiement de dettes mêmes échues, s'il a été fait autrement qu'en espèces ou effets de commerce. — La loi présume dans ce cas que le créancier qui a consenti à être payé soit en bijoux , soit en argenterie, connaissait la position de son débiteur et a voulu rendre sa condition meilleure que celle des autres créanciers.

4° Toute hypothèque conventionnelle ou judiciaire et tous droits d'antichrèse ou de nantissement , constitués sur les biens du débiteur pour dettes antérieurement contractées ; — c'est-à-dire contractées avant la constitution de l'hypothèque ou du privilège et indépendamment de cette garantie. Par conséquent les priviléges et hypothèques légales qui sont inhérents à la qualité de la créance, qui prennent naissance en même temps qu'elle, ne sont pas compris dans les actes nuls. La loi ne parle expressément que des hypothèques judiciaires ou conventionnelles. Du reste le créancier qui, en prêtant ses capitaux n'a exigé ni hypothèque , ni gage , ni constitution d'antichrèse , a eu l'intention de ne pas faire sa condition meilleure; si , plus tard , connaissant l'état de gêne de son débiteur il exige de lui des garanties plus efficaces , il veut avoir un avantage au détriment de la masse.

§ 2. — Actes annulables à la charge de prouver la fraude.

L'art. 447 nous les indique. Ce sont tous paiements de dettes échues, tous actes à titre onéreux passés après la cessation des paiements et avant le jugement déclaratif de la faillite, si ceux qui ont reçu du débiteur ou ont traité avec lui, avaient eu connaissance de la cessation de ses paiements.

La loi laisse sur ce point un pouvoir discrétionnaire aux juges; ce sont eux qui apprécieront si le paiement a été effectué entre les mains du créancier connaissant la cessation des paiements. Mais il est à remarquer que l'art. 447 ne parle que des actes passés après la cessation des paiements et non plus de ceux passés dans les dix jours qui ont précédé la cessation des paiements ; d'où il résulte que les actes à titre onéreux en général passés dans ces dix jours, restent sous l'empire des principes consacrés par l'art. 1167 du Code Napoléon.

? 3. — *Actes annulables.*

Les priviléges et hypothèques valablement acquis soit avant la cessation des paiements, soit depuis, pourront être inscrits jusqu'au jour du jugement déclaratif de la faillite ; néanmoins, ajoute l'art. 448, les inscriptions prises après l'époque de la cessation des paiements ou dans les dix jours qui précèdent, pourront être déclarées nulles s'il s'est écoulé plus de quinze jours entre la date de l'acte constitutif de l'hypothèque ou du privilége et celle de l'inscription.

Ici, comme dans l'article précédent, les juges ont un pouvoir appréciateur ; cependant, il est dans ce cas moins étendu, car la loi prend soin d'en préciser les limites, elle dit : « pourront être déclarées nulles » s'il s'est écoulé plus de quinze jours entre l'acte constitutif de l'hypo- » thèque ou du privilége et celle de l'inscription ; » autrement il serait facile au failli de s'entendre avec un créancier complaisant qui, sûr d'être payé, consentirait à retarder l'inscription de son hypothèque et ferait ainsi présumer libres des biens qui en réalité ne le seraient pas.

Examinons maintenant le cas prévu par l'article 449 : Un porteur d'une lettre de change ou d'un billet à ordre, apprend le discrédit du tiré, il se présente chez lui, et le tiré qui a déjà cessé ses paiements, paie la lettre ou le billet. Qu'arrive-t-il ? Le porteur est-il soumis au rapport? Le paiement est-il nul? Non, la loi fait ici une exception, car la pensée de la loi a toujours été de donner à la lettre de change toutes les garanties possibles de paiement à l'échéance. Et du reste, qu'y perd la masse ? Rien, puisque le tireur ou le souscripteur seront portés au passif de la faillite comme débiteurs de la lettre de change acquittée.

Tels sont les motifs pour lesquels le tiers porteur d'une lettre de change ne rapporte pas à la masse ce qu'il a reçu, lors même qu'il aurait eu connaissance de la cessation des paiements.

Arrivons maintenant à la suspension des poursuites individuelles : Il est un principe absolu, en matière de faillite, c'est que les créanciers doivent arrêter leurs poursuites individuelles après le jugement déclaratif de faillite. Ceci est fort juste, car ils absorberaient en frais une bonne portion de l'actif. Mais il est des créanciers exceptionnels, le locateur des immeubles occupés par le failli, par exemple; celui-là est privilégié, il peut, en droit commun, poursuivre le recouvrement de ses loyers. L'article 450 suspend ce droit pendant 30 jours après le jugement déclaratif. La loi suppose que pendant ce délai les créanciers ont le temps de désintéresser le locataire et d'aviser s'il est bon pour eux de continuer l'exploitation. Mais si le locateur a le droit de reprendre les lieux loués, cette suspension cesse de plein droit.

QUESTIONS.

1º La faillite d'une société entraîne-t-elle de plein droit celle des associés solidaires?

2º La masse des créanciers pourrait-elle empêcher un créancier dont la dette n'est pas échue, d'intervenir dans la faillite et en lui donnant caution?

3º Quel est l'effet direct et immédiat du jugement déclaratif de la faillite?

Droit Administratif.

De la compétence et de la juridiction administrative, en matière de bois et forêts.

(Le candidat devra indiquer dans sa thèse la législation et la jurisprudence à l'appui des principes qu'il établira.)

En traitant de la compétence administrative en matière de bois et forêts, nous allons étudier des matières qui, logiquement, devraient appartenir à l'autorité judiciaire et qui, par une certaine affinité avec les matières qui constituent le contentieux administratif, ont été attribuées par déclassement à cette autorité.

Ainsi, si nous lisons l'article 65 du Code forestier, nous voyons que dans toutes les forêts de l'Etat, qui ne sont point affranchies au moyen du cantonnement ou de l'indemnité, l'exercice du droit d'usage pourra toujours être réduit par l'administration, suivant l'état et la possibilité des forêts, et n'aura lieu que conformément aux dispositions des articles 66, 67 et suivants du même Code. En cas de contestation, y est-il encore dit, sur la possibilité et l'état des forêts, il y aura lieu à recours en conseil de préfecture.

De sorte que, si les tribunaux sont saisis d'une question qui touche au fond du Droit, et qu'incidemment la question de possibilité se présente, ils doivent surseoir à statuer jusqu'à ce que le conseil de préfecture ait vérifié la possibilité de la forêt. (C. Cass. 11 mai 1841).

Nous voyons donc ici les deux pouvoirs , judiciaire et administratif, se mouvoir librement chacun dans leur sphère.

Voyons maintenant si l'autorité administrative est compétente , à l'exclusion des tribunaux , pour reconnaître et constater la possibilité et la défensibilité des bois appartenant à des particuliers ?

L'article 99 du Code Forestier, déclare seule compétente l'administration forestière.

La cour de Nancy, par un arrêt du 15 janvier 1842 , reconnut que l'administration n'était compétente que pour les bois de l'Etat; que du reste l'article 121 du même Code déclarait qu'en cas de contestation entre le propriétaire et l'usager les tribunaux devaient statuer ; donc l'article 119 n'a pas eu pour but de soustraire à la compétence judiciaire les contestations qui peuvent naître de la possibilité et défensibilité des bois appartenant à de simples particuliers.

La Cour de Cassation paraît avoir un avis contraire, par un arrêt rendu le 20 mai 1835.

L'article 64 du même Code attribue juridiction aux tribunaux pour le réglement des indemnités dues aux usagers pour le rachat de leurs droits, lorsque ces indemnités n'ont pas été réglées de gré à gré.

L'administration a encore le pouvoir de statuer sur la déchéance encourue par l'adjudicataire qui n'a pas fourni caution dans les délais ; l'art. 24. C. F. ajoute qu'il sera déclaré déchu par un arrêté du préfet. Certains auteurs rangent ce cas dans la compétence gracieuse des préfets. Nous pensons au contraire que le contentieux administratif ne saurait être ici méconnu , et que les préfets ne sont appelés qu'à prendre un simple arrêté d'instruction et que le ministre est ici le seul juge.

Dans le délai d'un mois après la clôture des opérations du récolement et réarpentage, l'administration et l'adjudicataire pourront requérir l'annulation du procès-verbal pour défaut de forme ou pour fausse énonciation. Ils se pourvoiront à cet effet devant le conseil de préfecture qui statuera. (50)

Cette partie est toute entière administrative. La Cour de Cassation a décidé, par un arrêt du 6 mars 1831, que les tribunaux excédaient leur pouvoir quand ils prononçaient l'annulation de ces procès-verbaux, par exemple, pour faute d'enregistrement dans les quatre jours.

L'autorité administrative est encore appelée à statuer sur la conversion en bois et l'aménagement en pâturage de terrains appartenant aux communes ou aux établissements publics. L'art. 90 du Code forestier dit :

« Lorsqu'il s'agira de la conversion en bois ou de l'aménagement de
» terrains en pâturage, la proposition de l'administration forestière sera
» communiquée aux maires ou aux administrateurs des établissements
» publics. — Le conseil municipal ou ces administrateurs seront ap-
» pelés à en délibérer; en cas de contestation, il sera statué en conseil
» de préfecture, sauf le pourvoi en Conseil d'Etat. »

Le Conseil d'Etat fit, le 31 décembre 1838, application de cette compétence, à la conversion des prés-bois jouis par des communes comme paturages, en bois soumis au régime forestier.

Il nous reste à traiter la question relative au bornage. C'est surtout dans cette matière que le déclassement est apparent. En droit commun, le bornage est une opération toute judiciaire ; aussi a-t-il fallu les dispositions formelles des art. 8 et suivants, 88, 89 et 90 du Code forestier pour attribuer compétence à l'autorité administrative. Elle seule a donc pouvoir de procéder au bornage des bois et forêts de l'Etat, de la Couronne, des communes ; des établissements publics et de ceux possédés à titre d'apanage.

QUESTIONS.

1o S'il s'élève des difficultés relativement au bornage opéré par l'administration forestière, doivent-elles être portées devant les tribunaux ?

2o Les conseils de préfecture excèdent-ils leur pouvoir en ordonnant une nouvelle expertise pour vérifier les énonciations attaquées dans une demande en annulation de procès-verbaux de récollement et de réarpentage, pour fausse énonciation?

3° A qui appartient la nomination des agents forestiers et arpenteurs pour la délimitation et le bornage des bois et forêts?

Cette Thèse sera soutenue, en séance publique, dans une des salles de la Faculté, le 20 juillet 1858.

Vu par le Président de la Thèse,

CHAUVEAU-ADOLPHE.

Toulouse. Imprimerie Troyes Ouvriers Réunis rue Saint-Pantaléon, 3

www.ingramcontent.com/pod-product-compliance
Ingram Content Group UK Ltd.
Pitfield, Milton Keynes, MK11 3LW, UK
UKHW020106100726
13658UKWH00004B/1999